BEI GRIN MACHT SICH IHR WISSEN BEZAHLT

- Wir veröffentlichen Ihre Hausarbeit, Bachelor- und Masterarbeit

- Ihr eigenes eBook und Buch - weltweit in allen wichtigen Shops

- Verdienen Sie an jedem Verkauf

Jetzt bei www.GRIN.com hochladen und kostenlos publizieren

Bibliografische Information der Deutschen Nationalbibliothek:

Die Deutsche Bibliothek verzeichnet diese Publikation in der Deutschen Nationalbibliografie; detaillierte bibliografische Daten sind im Internet über http://dnb.d-nb.de/ abrufbar.

Dieses Werk sowie alle darin enthaltenen einzelnen Beiträge und Abbildungen sind urheberrechtlich geschützt. Jede Verwertung, die nicht ausdrücklich vom Urheberrechtsschutz zugelassen ist, bedarf der vorherigen Zustimmung des Verlages. Das gilt insbesondere für Vervielfältigungen, Bearbeitungen, Übersetzungen, Mikroverfilmungen, Auswertungen durch Datenbanken und für die Einspeicherung und Verarbeitung in elektronische Systeme. Alle Rechte, auch die des auszugsweisen Nachdrucks, der fotomechanischen Wiedergabe (einschließlich Mikrokopie) sowie der Auswertung durch Datenbanken oder ähnliche Einrichtungen, vorbehalten.

Impressum:

Copyright © 2014 GRIN Verlag
Druck und Bindung: Books on Demand GmbH, Norderstedt Germany
ISBN: 9783668082052

Dieses Buch bei GRIN:

https://www.grin.com/document/309567

Ali Özyan

Mitarbeitermotivation und Motivationstheorien in der Personalführung

GRIN Verlag

GRIN - Your knowledge has value

Der GRIN Verlag publiziert seit 1998 wissenschaftliche Arbeiten von Studenten, Hochschullehrern und anderen Akademikern als eBook und gedrucktes Buch. Die Verlagswebsite www.grin.com ist die ideale Plattform zur Veröffentlichung von Hausarbeiten, Abschlussarbeiten, wissenschaftlichen Aufsätzen, Dissertationen und Fachbüchern.

Besuchen Sie uns im Internet:

http://www.grin.com/

http://www.facebook.com/grincom

http://www.twitter.com/grin_com

Ostfalia Hochschule für angewandte Wissenschaften
Fakultät Wirtschaft

Mitarbeitermotivation und Motivationstheorien in der Personalführung

Hausarbeit
Wirtschaftswissenschaftliche Methodik

Ali Özyan

2014

Inhaltsverzeichnis

Abbildungsverzeichnis II
1. Einleitung .... - 1 -
    2.1 Motiv .... - 2 -
    2.2 Motivation .... - 2 -
3. Motivationsarten .... - 3 -
    3.1 Intrinsische Motivation .... - 3 -
    3.2 Extrinsische Motivation .... - 4 -
4. Motivationstheorien .... - 5 -
    4.1 Maslows Theorie der Bedürfnispyramide .... - 5 -
    4.2 Zwei Faktoren Theorie von Herzberg .... - 7 -
5. Fazit .... - 9 -
Literaturverzeichnis .... - 10 -

Abbildungsverzeichnis

Abbildung 1: Bedürfnispyramide von Maslow..6

1. Einleitung

In der Zeit des globalen Wettbewerbs der Unternehmen, sind Führungskräfte verpflichtet sich zunehmend komplexeren Aufgaben zu stellen. Um diese zu bewältigen und die Ziele der Unternehmen zu erreichen, sind sie auf ihr Personal angewiesen. Qualifiziertes Personal zahlt sich im Unternehmen aus. Es gibt auch Personal die nur das erforderlichste tut und die Arbeit nur als ein Mittel zum Zweck sieht, das heißt, dass sie nur arbeiten um ihre Bedürfnisse zu befriedigen.

Um diese Mitarbeiter zufrieden zu stellen und dazu zu bringen zum Unternehmenserfolg mehr zu leisten als das nötigste, hat die Personalführung die Aufgabe, sie zu motivieren und positiv zu beeinflussen. Es gibt mehrere Arten der Motivation, die Intrinsische und die Extrinsische.

Um diesen Prozess zu verwirklichen, gibt es mehrere Theorien wie die zwei Faktoren Theorie von Herzberg und die Bedürfnispyramide von Maslow. Somit versucht die Personalführung ihre Mitarbeiter positiv zu beeinflussen und die Motivation zu steigern.

Ziel dieser Ausarbeitung ist es, zunächst die Grundbegriffe Motiv und Motivation zu erläutern. Anhand von zwei geläufigen Theorien, die Bedürfnispyramide von Maslow und die Zwei-Faktoren Theorie von Herzberg, soll der Frage nachgegangen werden, wie Mitarbeiter durch geeignete Personalführungsmaßnahmen motiviert werden können.

Die Vorliegende Hausarbeit ist in fünf Kapiteln gegliedert. Kapitel zwei der Ausarbeitung besteht aus den Begriffserklärungen. Es werden die Definitionen des Motivs und der Motivation näher erläutert. Im dritten Kapitel werden die Motivationsarten extrinsische und intrinsische unter Betracht genommen. Im vierten Kapitel werden die Motivationstheorien von Maslow und Herzberg ausgesprochen. Der letzte Teil dieser Hausarbeit umfasst das Fazit, indem die Theorien und Arten der Motivation zusammengefasst und bewertet werden.

2. Begriffserklärung

2.1 Motiv

Das Wort Motiv stammt aus dem Lateinischen „movere" und bedeutet Bewegung, was in der deutschen Sprache unterschiedliche Verwendung hat. In diesem Kontext wird das Wort Motiv synonym mit dem Begriff „Bedürfnis" verwendet. Trotz der gleichen Verwendung der Begriffe unterscheiden sie sich in ihrer Art der Auslösung. Das Motiv und die daraus resultierenden Emotionen werden durch externe Reize ausgelöst, wobei die meisten Bedürfnisse eines Menschen auf inneren und körperlichen Ungleichgewichten beruhen.[1]

Es wird darüber hinaus in der neuen Motivationsforschung zunehmend von dualen Motivationssystemen ausgegangen. Wichtige Unterscheidung dabei sind die expliziten und impliziten Motive. Dabei verkörpern die impliziten Motive die affektiven und emotionalen Bereiche wobei die expliziten Motive das kognitive System darstellen.[2]

2.2 Motivation

Wenn die Motive durch ihre Umwelt aktiviert werden, wie zum Beispiel durch Anreize, wird von Motivation gesprochen. Man spricht von einer Verhaltensbereitschaft die aus der Wechselbeziehung zwischen einem Motiv und situativem Anreiz entsteht. Das wesentliche dabei ist, dass nicht alle Anreize gleichermaßen effektiv sein müssen sondern auf die unbefriedigten Bedürfnisse des Menschen treffen und ebenso auch auf die Motive der zu motivierenden Person entsprechen sollten. Sobald diese Bedingungen nicht erfüllt werden, ist die Motivation ergebnislos.[3]

Der Begriff „Motivation" gibt Antworten auf zwei Kernfragen, zum einen den Grund für die erreichten Leistungen und zum anderen weshalb die Pflichten mit verschiedener Intensität und Anstrengungen durchgeführt werden. Dabei ist die wichtigste Aufgabe des Managements die egoistischen Motive der Mitarbeiter so umzugestalten, dass sie eine Hilfe zur Erreichung der Betriebsziele darstellen.[4]

---

[1] Vgl. Pelz, W. (2004) S. 105
[2] Vgl. Steinmann, H. / Schreyögg, G. (2005) S. 555.
[3] Vgl. Freund, F. / Knoblauch, R. / Eisele, D. (2003) S. 138.
[4] Vgl. Pelz, W. (2004) S.101.

Die Führungskräfte in einem Betrieb sind dazu verpflichtet ihre Mitarbeiter im Sinne der Unternehmensziele erfolgreich einzusetzen. Diese Umsetzung ist langfristig realisierbar, wenn die Arbeitsleistung und die Arbeitszufriedenheit nicht in Wettbewerb zueinander stehen sondern sich gegenseitig bedingen. Arbeiten beide Aspekte miteinander hat das zufolge, dass die Mitarbeiter zufrieden sind und auf Dauer die erforderlichen Leistungen erbringen.[5]

Die Bedeutung der Motivation gibt es aber nicht seit Jahrzehnten. Noch vor wenigen Jahren wurden die Mitarbeiter nur als Erfüllungsgehilfe gesehen, was sich an der Leistung des Mitarbeiters bemerkbar gemacht hat. Zuvor hatten die Führungskräfte als Haupterwartung, dass die Anweisungen und die Organisatorischen Regeln zügig und ohne Störung ausgeführt werden. Man verknüpfte die Arbeit mit Leid und etwas dass man nur sehr ungern tut, aber es macht um die eigenen Bedürfnisse in der Freizeit zu befriedigen.[6]

3. Motivationsarten

3.1 Intrinsische Motivation

Erbringt der Mensch eine Leistung womit er beispielsweise mit Stolz belohnt wird spricht man von einer intrinsischen Motivation. Das heißt, dass die intrinsische Motivation dadurch gekennzeichnet ist, dass das Ergebnis der Leistung individuell für den Menschen als Belohnung gilt.[7]

Die Tätigkeit die man bei einer intrinsischen Motivation ausübt bereitet dem Mensch Freude das heißt es wird ein positives Flussergebnis ermöglicht. Beispiele hierfür sind unter anderem das Skilaufen oder das Lesen eines Romans. Arten von intrinsischer Motivation die dem Mensch keine Freude bereiten sind selbst gesetzte Ziele, wie das Schreiben einer Examarbeit oder das ersteigen eines Berggipfels. Hierbei handelt es sich um persönlich gesetzte Ziele und demnach wird das als eine intrinsische Motivation angesehen.[8]

Die intrinsische Motivation unterscheidet die innere Antriebskraft des Menschen, zum einen spricht man über die Normorientierte intrinsische Motivation, was aus der verinnerlichten gesellschaftlichen Norm kommt. Beispiele dafür sind das Pflichtgefühl oder die Ehrlichkeit. Die Andere Abgrenzung ist die vollzugsorientierte intrinsische Motivation aus Lust, Freude oder das Interesse

---

[5] Vgl. Eichholz, R. (1998) S. 23.
[6] Vgl. Steinmann, H. / Schreyögg, G. (2005) S. 533.
[7] Vgl. Freund, F. / Knoblauch, R. / Eisele, D. (2003) S. 138-139.
[8] Vgl. Frey, B. / Osterloh, M. (2002) S. 24.

an der Arbeit, das stellt die Motive der Neugier, Forschungsdrang und dem Bewegungsgrund dar.[9]

Die intrinsische Motivation lässt sich in drei Aussageformen aufteilen, welche hohe Priorität haben. Die Freude an der Arbeit das heißt ein positives Flowerlebnis empfinden, das Einhalten von Normen welche man gut abgrenzen kann mit Fairness, das Teamgeist und das Erreichen der selbst gestellten Ziele. Man stellt fest, dass die Wirkung der intrinsischen Motivation nicht immer empirisch eindeutig mit der extrinsischen Motivation zu trennen ist. Wenn jemand einen Berg aus Vergnügen besteigt findet man stets extrinsische Motive. Diese Motive können unter anderem das Körpertraining oder die Anerkennung durch Freunde sein. Dadurch treten die intrinsische und extrinsische meist zusammen auf. Relevant ist, wenn ein Ziel nur als Mittel zum Erreichen eines anderen Zieles angesehen wird, dann gewinnt das erste Ziel mehr an Bedeutung.[10]

Die intrinsische Motivation wird unter Deci und Ryan anders zusammengefasst. Hierbei werden drei Grundbedürfnisse unterschieden. Die Autonomie, soziale Verbundenheit und Wachstum. Hierdurch wird zum Ausdruck gebracht, dass die Tätigkeiten, die diese Grundbedürfnisse befriedigen intrinsisch Motiviert sind, da sie aktivitätsinhärenten Anreizen folgen. Insofern ist die intrinsische Motivation im gewissen Sinne bedürfnisabhängig. Das heißt, dass die ausgeführten Tätigkeiten im Mittelpunkt des Interessenten stehen müssen, damit man den Blickpunkt auf die Aktivitätsinhärenz von verschiedenen Formen auf die Arbeitsorganisation lenken kann.[11]

3.2 Extrinsische Motivation

Von einer extrinsischen Motivation spricht man wenn die Leistung und die Bedürfnisbefriedigung außerhalb der Person liegt. Wenn ein Aufwand erbracht wird um die Anerkennung anderer zu erlangen liegt eine Mittel-Zweck-Beziehung zwischen der erbrachten Leistung und der Belohnung vor, dabei hat die Belohnung einen extrinsischen Charakter.[12]

Die extrinsische Motivation ist das Nutzen einer mittelbaren oder instrumentellen Bedürfnisbefriedigung. Dabei ist Geld meist ein Mittel zum Zweck um beispielsweise sich eine Urlaubsreise finanzieren zu können oder sich das gewünschte Auto zu kaufen. Extrinsisch motiviert ist man in der Arbeit, wenn die Bedürfnisbefriedigung akut außerhalb der Arbeit gesucht wird. Darunter ist die Arbeit selbst nur ein Hilfsmittel um auf dem Umweg über die Entlohnung seine eigentlichen Bedürfnisse zu befriedigen.[13]

---

[9] Vgl. Wagner, K./ Rex, B. / Eicher, M. (2003) S. 59.
[10] Vgl. Frey, B. / Osterloh, M. (2002) S. 25.
[11] Vgl. Steinmann, H. / Schreyögg, G. (2005) S. 564.
[12] Vgl. Freund, F. / Knoblauch, R. / Eisele, D. (2003) S. 138.
[13] Vgl. Frey, B. / Osterloh, M. (2002) S. 24.

Für die extrinsische Motivation gibt es mehrere Arbeitsmotive die den Mitarbeiter dazu bringt die Leistung, ob gewollt oder nicht, zu erbringen. Das sind Motive wie Sicherheit oder Geltung. Um aus den individuellen extrinsischen Motiven eine aktuelle Motivation zu gestalten, muss sich der Mitarbeiter in einer Motivpassenden Situation befinden. Im Arbeitskontext können diese Motive dadurch aktiviert werden in dem die vom Beschäftigten wahrgenommen Bedingung zum Arbeiten als Anreiz wirken. Da sich jedes Individuum in seinen Motiven unterscheidet, müssen die Anreize zur extrinsischen Motivation auch der Person entsprechen. Somit werden die Motive aktiviert und die Person löst dann die gewünschte Verhaltensintention aus.[14]

Vergleicht man beide Arten der Motivation wird bezeichnet, dass die Form der Motivbefriedigung, die aus eigener Tätigkeit aus kommt, die intrinsische Motivation darstellt während die extrinsische Motivation durch andere erfolgt wie Entlohnung, Aufstieg oder der sichere Arbeitsplatz.[15]

4. Motivationstheorien

4.1 Maslows Theorie der Bedürfnispyramide

In den früheren 40er-Jahren entwickelte Abraham Maslow seine bis heute sehr Erfolg-und einflussreiche Bedürfnispyramide. Sein eigentliches Ziel war nicht der Entwurf einer Motivationstheorie sondern, die Entwicklung einer neuen Psychologie. Die Bedürfnispyramide war das Resultat einer philosophischen Überlegung und einer Reihe von klinischen Erfahrungen.[16]

Maslow hat den Ansatz, dass das menschliche Verhalten überwiegend dadurch bestimmt ist gewisse Bedürfnisse zu befriedigen. Die Bedürfnisse die unbefriedigt bleiben, erzeugen eine gewisse Spannung bei dem Menschen. Um diese Spannungen abzubauen, versucht der Mensch bestimmte Verhaltensweisen auszuführen in der Hoffnung, dass die Spannung verschwindet oder sich verringert. Beispiele für so eine Verhaltensweise sind Essen und Trinken, die Spannung die durch Hunger oder Durst entsteht, wird durch die Befriedigung abgebaut. Sobald das Bedürfnis zufriedengestellt ist, verliert es an Motivation. Hieraus wird das Verhalten der Person durch noch unbefriedigten Bedürfnissen bestimmt.[17]

Die Bedürfnispyramide von Maslow repräsentiert die Theorie, dass sich die unterschiedlichen menschlichen Motive nur auf wenige Gruppen fundamentaler Bedürfnisse begrenzen lassen. Der Kern der Theorie ist die wechselnde Abhängigkeit der Bedürfnisse in der Beziehung zu deren

---

[14] Vgl. Schmeisser, W. / Andresen, M. / Kaiser, S. (2013) S. 177.
[15] Vgl. Lieber, B. (2007) S. 24.
[16] Vgl. Pelz, W. (2004) S. 109.
[17] Vgl. Lieber, B. (2007) S. 19-20.

Befriedigung zu sehen. Das Nutzen der Theorie, die eigentlich nicht für die Arbeitswelt konzipiert wurde, beschäftigt sich weniger mit der behaupteten Rangfolge der Bedürfnisse sondern mit der Verständlichkeit der Bedürfnisgruppen. Infolgedessen ist Maslows Theorie eine wertvolle Hilfestellung für die Personalführung um personalpolitische Maßnahmen für die Arbeitsmotivation der Mitarbeiter zu leisten. Ebenso ist es möglich, unter Zuhilfenahme der angenommenen Bedürfnisstruktur des Personals das Betriebsklima und die Zufriedenheit zu erfassen.[18]

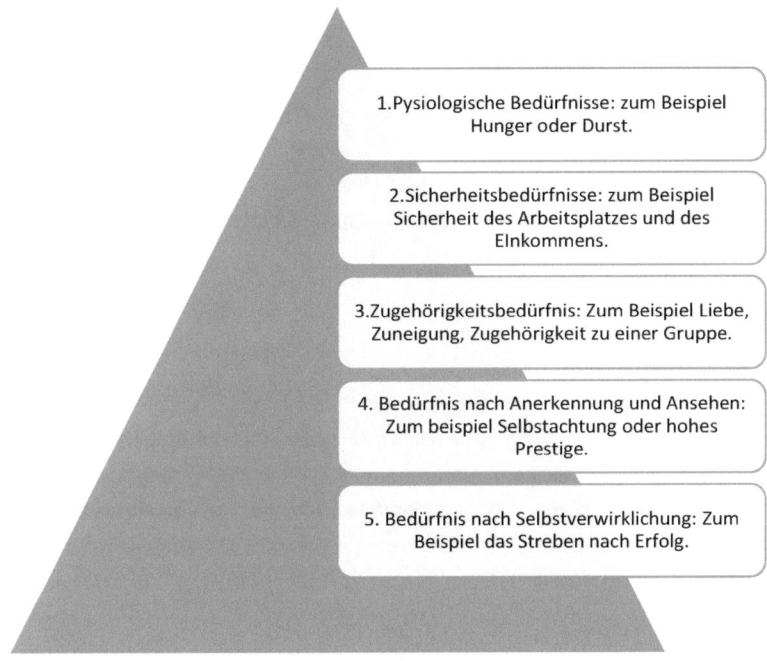

Abb. 1: Bedürfnispyramide nach Maslow

Quelle: Eigene Darstellung in Anlehnung an der Bedürfnispyramide von Maslow Lieber, B. (2007), S. 20.

Die Klassen der Bedürfnisse sind hierarchisch geordnet und haben positive Beziehungen zu einander. Infolgedessen werden höher angesehenere Bedürfnisse erst dann verhaltensbestimmend wenn die niedrigeren Bedürfnisse befriedigt sind. Demnach müssen erst die Physiologischen Bedürfnisse erfüllt sein, erst dann werden andere Anliegen verhaltensbestimmend.[19]

---

[18] Vgl. Freund, F. / Knoblauch, R. / Eisele, D. (2003) S. 140.
[19] Vgl. Lieber, B. (2007) S. 20.

Die Bedürfnispyramide hat fünf Gruppen und ist in der Dringlichkeit nach den Bedürfnissen angeordnet. Das bedeutet, dass erst die untere Ebene der Bedürfnispyramide befriedigt werden muss damit der nächst höhere wirksam werden kann. Die vier unteren Gruppen fasst Maslow als Defizitmotiven zusammen. Um Leid und Krankheit vorzubeugen, müssen sie als erstes befriedigt werden.[20]

Das Bedürfnis nach der Selbstverwirklichung wird von Maslow als Wachstumsbedürfnis definiert. Infolge dessen ist das Bedürfnis, die eigenen Fähigkeiten und Anlagen immer weiter zu ergänzen nicht als nachhaltige Sättigung zu sehen.[21]

Maslows Absicht mit seiner Motivationstheorie ist der Versuch durch ein humanistisches Konzept der Motivation und die Aufnahme des Bedürfnisses nach Selbstverwirklichung als höchstem Motiv. Die Theorie hat dazu beigetragen, dass Motive wie die Selbstverwirklichung oder Entfaltung des Menschen in Betriebswirtschaftlicher Literatur mehr berücksichtigt wurden.[22]

4.2 Zwei Faktoren Theorie von Herzberg

Frederick Herzberg ist einer der bekanntesten Forscher der Arbeitsmotivation. Ende der 1950er Jahre untersuchte er die Frage, wie sich die Menschen bei der Arbeit motivieren. In seinen so genannten Pittsburgh-Studien wurden vorläufig 200 Berufstätige, darunter Ingenieure und Buchhalter, in verschiedenen Branchen und hierarchieebenen befragt. Die Studie sollte zeigen welche vorbehalte im Berufsleben zur Arbeitszufriedenheit und Leistungsbereitschaft beitragen und welche das Gegenteil bewirken.[23]

Das Resultat was Herzberg daraus gezogen hat ist, dass er herausgefunden hat, dass es zwei Gruppen von Einflussfaktoren auf die Arbeitsleistung besteht. Zum einen sind das die Motivatoren und zum anderen die Demotivatoren oder auch Hygienefaktoren.[24]

Herzberg definiert die Hygienefaktoren als solche die eine Unzufriedenheit verhindern aber keine Zufriedenheit herstellen, wie die Unternehmenspolitik, Personalpolitik, Entlohnung oder die Arbeitsbedingungen. Ferner stellen die Motivatoren Zufriedenheit her, wie zum Beispiel Leistung, Anerkennung oder Verantwortung.[25]

---

[20] Vgl. Pelz, W. (2004) S. 109-110.
[21] Vgl. Wagner, K. / Rex, B. / Eicher, M. (2003) S. 28.
[22] Vgl. Lieber, B. (2007) S. 20.
[23] Vgl. Schirmer, W. / Woydt, S. (2012) S. 45.
[24] Vgl. Pelz, W. (2004) S. 110.
[25] Vgl. Eichholz, R. (1998) S. 44.

Die extrinsischen Hygiene-Bedürfnisse, die den Menschen in seiner Arbeitswelt gesund halten, werden als Grundbedürfnisse angesehen. Wobei der intrinsisch motivierende Faktor sich auf die höheren arbeitsbezogenen Bedürfnisse bezieht.[26]

Die auffallende Erkenntnis der Studie liegt darin, dass die Hygienefaktoren und die Motivatoren unabhängig voneinander sind. Damit ist gemeint, dass wenn aus verschiedenen Gründen eine Arbeitsunzufriedenheit oder eine Arbeitszufriedenheit herrscht, kann das an den unterschiedlichen Gesetzmäßigkeiten liegen. In Folge dessen können die Motivatoren, die nicht zur Zufriedenheit sorgen, Unzufriedenheit auslösen.[27]

Die Zufriedenheitsauslöser wurden von Herzberg in zwei bedeutsamen Klassen unterteilt. Die Erkenntnis die er daraus gezogen hat ist, dass positive Einstellungen von Mitarbeitern für die Arbeit andere Ursachen haben als negative. Darum ist nach Herzbergs Theorie das Gegenteil von Unzufriedenheit nicht die Zufriedenheit, sondern die fehlende Zufriedenheit. Somit richtet er das Kerninteresse der Manager vom Kontext der Arbeit weg auf die Arbeit selbst. Seine Empfehlungen lauten, die leicht identifizierbaren negativen Ereignisse in den Hygienefaktoren eliminieren und sich nur auf die Motivatoren konzentrieren, vor allem auf die Arbeitsstrukturierungsmaßnahmen.[28]

Damit Betriebe motivierte Mitarbeiter beziehen können, muss in zweifacher Weise vorgegangen werden. Zum einen müssen die Hygienefaktoren so aufgebaut werden, dass die Unzufriedenheit vermieden wird und anderseits muss durch Motivatoren Zufriedenheit aufgebaut werden. Geld ist dabei an sich nicht motivierend sondern wie es verwertet wird. Demnach ist der Besitz des Geldes auch nicht angeboren oder natürlich. Geld hat nur einen instrumentellen Charakter.[29]

Wenn man Maslows Theorie der Bedürfnispyramide und die Zwei-Faktoren Theorie von Herzberg vergleicht, findet man bestimmte Ähnlichkeiten. Die Defizitmotive von Maslow entsprechen hierbei weitgehend den Hygienefaktoren von Herzberg.[30]

---

[26] Vgl. Hentze, J. u.a. (2005) S. 116.
[27] Vgl. Schirmer, W. / Woydt, S. (2012) S. 46.
[28] Vgl. Eichholz, R.(1998) S. 44.
[29] Vgl. Schirmer, W. / Woydt, S. (2012) S. 46-47.
[30] Vgl. Pelz, W. (2004) S. 112.

5. Fazit

In dieser Ausarbeitung wurde der Frage nachgegangen, wie Mitarbeiter durch geeignete Personalführungsmaßnahmen motiviert werden können.

Es konnte gezeigt werden, dass Motivation ein wichtiges Instrument für die Personalführung geworden ist, um die Leistung der Mitarbeiter zu steigern. Vorgestellt wurden die Arten der Motivation, die intrinsische und die extrinsische.

Durch die Analysen wird klar, dass die intrinsische Motivation von größerer Bedeutung für die Führungskräfte ist, als die extrinsische. Der Grund dafür ist, dass die intrinsische Motivation, vom Individuum selbst gewollt ist. Im Gegensatz dazu bedeutet die extrinsische Motivation, dass der Mensch die Leistung nur wegen gewissen Zielen erbringt, zum Beispiel für die Anerkennung anderer.

Daher ist es für die Personalführung wichtig ihre Mitarbeiter intrinsisch zu motivieren. Dazu wurden in dieser Ausarbeitung zwei der bekanntesten Motivationstheorien vorgestellt, womit man die Mitarbeiter motivieren kann. Es wurden die Bedürfnispyramide von Maslow und die zwei Faktoren von Herzberg analysiert.

Beide Theorien haben den Ansatz, dass die Motivation dadurch erfolgt, wenn die Demotivatoren oder die Motivatoren die eine Spannung erzeugen befriedigt werden, damit eine positive Motivation entsteht.

Um in der Zukunft die Motivation der Mitarbeiter zu steigern, müssen die Unternehmen mit Hilfe den Theorien von Maslow und Herzberg und anderen Maßnahmen versuchen die Motivation auf dem Höchsten Stand zu halten, um die erwünschte Leistung von den Mitarbeitern zu erhalten.

Literaturverzeichnis

Eichholz, R. (1998): Unternehmens- und Mitarbeiterführung, 2. Auflage, München.

Freund, F. / Knoblauch, R. / Eisele, D. (2003): Praxisorientierte Personalwirtschaftslehre, 6. Auflage, Stuttgart.

Frey, S. / Osterloh, M. (2002): Managing Motivation, wie sie die neue Motivationsforschung für ihr Unternehmen nutzen können, 2. Auflage, Wiesbaden.

Hentze, J. u.a. (2005): Personalführungslehre, Grundlagen Funktionen und Modelle der Führung, 4. Auflage, Bern u.a.

Lieber, B. (2007): Personalführung, leicht Verständlich, Stuttgart.

Pelz, W. (2004): Kompetent führen, Wirksam kommunizieren, Mitarbeiter motivieren, 1. Auflage, Wiesbaden.

Schirmer, U. / Woydt, S. (2012): Mitarbeiterführung, 2. Auflage, Heidelberg.

Schmeisser, W. / Andresen, M. / Kaiser, S. (2013): Personalmanagement, Konstanz und München.

Steinmann, H. / Schreyögg, G. (2005): Management, Grundlagen der Unternehmensführung Konzepte– Funktionen- Fallstudien, 6. Auflage, Wiesbaden.

Wagner, K. / Rex, B. / Eicher, M. (2003): Praktische Personalführung, Eine Moderne Einführung mit Fallstudien, 3. Auflage, Wiesbaden.

BEI GRIN MACHT SICH IHR WISSEN BEZAHLT

- Wir veröffentlichen Ihre Hausarbeit, Bachelor- und Masterarbeit

- Ihr eigenes eBook und Buch - weltweit in allen wichtigen Shops

- Verdienen Sie an jedem Verkauf

Jetzt bei www.GRIN.com hochladen und kostenlos publizieren